国家出版基金项目
NATIONAL PUBLICATION FOUNDATION

记住乡愁

——留给孩子们的中国民俗文化

刘魁立◎主编

王　鑫◎编著

第十一辑　生肖祥瑞辑

本辑主编　张　勃

生肖龙

北

黑龙江少年儿童出版社

编委会

序

亲爱的小读者们，身为中国人，你们了解中华民族的民俗文化吗？如果有所了解的话，你们又了解多少呢？

或许，你们认为熟知那些过去的事情是大人们的事，我们小孩儿不容易弄懂，也没必要弄懂那些事情。

其实，传统民俗文化的内涵极为丰富，它既不神秘也不深奥，与每个人的关系十分密切，它随时随地围绕在我们身边，贯穿于整个人生的每一天。

中华民族有很多传统节日，每逢节日都有一些传统民俗文化活动，比如端午节吃粽子，听大人们讲屈原为国为民愤投汨罗江的故事；八月中秋望着圆圆的明月，遐想嫦娥奔月、吴刚伐桂的传说，等等。

我国是一个统一的多民族国家，有 56 个民族，每个民族都有丰富多彩的文化和风俗习惯，这些不同民族的民俗文化共同构筑了中国民俗文化。或许你们听说过藏族长篇史诗《格萨尔王传》

中格萨尔王的英雄气概、蒙古族智慧的化身——巴拉根仓的机智与诙谐、维吾尔族世界闻名的智者——阿凡提的睿智与幽默、壮族歌仙刘三姐的聪慧机敏与歌如泉涌……如果这些你们都有所了解，那就说明你们已经走进了中华民族传统民俗文化的王国。

你们也许看过京剧、木偶戏、皮影戏，看过踩高跷、耍龙灯，欣赏过威风锣鼓，这些都是我们中华民族为世界贡献的艺术珍品。你们或许也欣赏过中国古琴演奏，那是中华文化中的瑰宝。1977年9月5日美国发射的"旅行者1号"探测器上所载的向外太空传达人类声音的金光盘上面，就录制了我国古琴大师管平湖演奏的中国古琴名曲——《流水》。

北京天安门东西两侧设有太庙和社稷坛，那是旧时皇帝举行仪式祭祀祖先和祭祀谷神及土地的地方。另外，在北京城的南北东西四个方位建有天坛、地坛、日坛和月坛，这些地方曾经是皇帝率领百官祭拜天、地、日、月的神圣场所。这些仪式活动说明，我们中国人自古就认为自己是自然的组成部分，因而崇信自然、融入自然，与自然和谐相处。

如今民间仍保存的奉祀关公和妈祖的习俗，则体现了中国人崇尚仁义礼智信、进行自我道德教育的意愿，表达了祈望平安顺达和扶危救困的诉求。

小读者们，你们养过蚕宝宝吗？原产于中国的蚕，真称得上伟大的小生物。蚕宝宝的一生从芝麻粒儿大小的蚕卵算起，中间经历蚁蚕、蚕宝宝、结茧吐丝等过程，到破茧成蛾结束，总共四十余天，却能为我们贡献约一千米长的蚕丝。我国历史悠久的养蚕、丝绸织绣技术自西汉"丝绸之路"诞生那天起就成为东方文明的传播者和象征，为促进人类文明的发展做出了不可磨灭的贡献！

小读者们，你们到过烧造瓷器的窑口，见过工匠师傅们拉坯、上釉、烧窑吗？中国是瓷器的故乡，我们的陶瓷技艺同样为人类文明的发展做出了巨大贡献！中国的英文国名"China"，就是由英文"china"（瓷器）一词转义而来的。

中国的历法、二十四节气、珠算、中医知识体系，都是中华民族传统文化宝库中的珍品。

让我们深感骄傲的中国传统民俗文化博大精深、丰富多彩，课本中的内容是难以囊括的。每向这个领域多迈进一步，你们对历史的认知、对人生的感悟、对生活的热爱与奋斗就会更进一分。

作为中国人，无论你身在何处，那与生俱来的充满民族文化DNA 的血液将伴随你的一生，乡音难改，乡情难忘，乡愁恒久。这是你的根，这是你的魂，这种民族文化的传统体现在你身上，是你身份的标识，也是我们作为中国人彼此认同的依据，它作为一种凝聚的力量，把我们整个中华民族大家庭紧紧地联系在一起。

《记住乡愁——留给孩子们的中国民俗文化》丛书，为小读者们全面介绍了传统民俗文化的丰富内容：包括民间史诗传说故事、传统民间节日、民间信仰、礼仪习俗、民间游戏、中国古代建筑技艺、民间手工艺……

各辑的主编、各册的作者，都是相关领域的专家。他们以适合儿童的文笔，选配大量图片，简约精当地介绍每一个专题，希望小读者们读来兴趣盎然、收获颇丰。

在你们阅读的过程中，也许你们的长辈会向你们说起他们曾经的往事，讲讲他们的"乡愁"。那时，你们也许会觉得生活充满了意趣。希望这套丛书能使你们更加珍爱中国的传统民俗文化，让你们为生为中国人而自豪，长大后为中华民族的伟大复兴做出自己的贡献！

亲爱的小读者们，祝你们健康快乐！

二〇一七年十二月

目 录

龙的起源……………………………………1

十二生肖中的龙……………………………7

神话传说中的龙……………………………13

民间故事中的龙……………………………31

传统节日中的龙……………………………41

成语诗词中的龙……………………………53

生肖龙与名人………………………………65

龙的起源

| 龙的起源 |

关于龙的起源问题，一些专家学者提出了许多说法，有"图腾说""鳄鱼说""蟒蛇说""雷电说""模糊集合说"等，多达几十种。由于龙的形象包含多种动物元素，不少人仅仅是根据龙的某一项特征来论述其起源，所以才会产生这么多关于龙的起源的说法。

众说纷纭的起源说归纳起来大致分为两类，一是龙源于一种生物或几种生物的组合，如蛇、马、鳄鱼、恐龙、蜥蜴……其中影响最大的说法是龙起源于蛇。《史记·外戚世家》里有"蛇化为龙，不变其文"的记载。

| 中华第一龙 |
刘越摄于内蒙古赤峰博物馆

| 龙身雷神 |
徐晓东 作

最早提出龙的原型为鳄鱼。他在 1934 年出版的著作中便说"龙即鳄鱼",这与一些外国学者不谋而合。第二类认为龙的原型是某种自然物或多种艺术化的动物形象叠加组合,如云、雷电、图腾等。云说的代表人物何新指出,最初的龙形不过是抽象的旋卷状的云纹,后来逐渐趋于具体化、生物化,并且接近现实生物界两栖类和爬行类动物的形象。而东汉的王充在《论衡·龙虚篇》谈道:"蛟龙现而云雨至,云雨至则雷电击""雷龙同类,感气相致",更有趣的是先秦古籍《山海经》中的雷神形象刚好是一条龙。

在 20 世纪 40 年代,著名学者闻一多便提出龙的主干部分和基本形态是蛇。闻一多之后,不少学者也都赞同他的观点。徐乃香、崔岩峋的《说龙》也提出"龙是以蛇为基础的,而发展变化了的蛇图腾就是龙的形象"的说法。而中国古史专家卫聚贤

在各种说法中,"图腾说"影响最广,图腾产生于母系氏族时期,由于生产力

王鑫摄于明十三陵

低下，人类对自然界认识模糊且充满敬畏，常常认为自然界中的某种动植物是自己的祖先，它能保佑信仰它的子民。龙图腾源于华夏氏族，伴随着华夏氏族对其他氏族的兼并，融合华夏氏族原有的图腾与其他氏族的图腾相融合，在华夏蛇图腾的基础上加上了马头、鹿角、鹰爪、鱼鳞等，龙成为了多种动物的综合体。

　　龙的模糊集合过程的起点在新石器时代的夏代，商周时期至战国发展出许多种龙。到秦汉时，龙"头似驼，角似鹿，眼似兔，耳似牛，颈似蛇，腹似蜃，鳞似鲤，爪似鹰，掌似虎"的样子逐渐统一固定下来，之后的历朝历代，直到今天，其模样都在这个基础上不断地加减、变衍和发展。

十二生肖中的龙

| 十二生肖中的龙 |

十二生肖中，龙是唯一的神物，它既能呼风唤雨，又能腾云驾雾，人们祈祷龙能带来祥瑞，庇佑百姓。龙的地位如此之高，为什么在属相中仅排第五呢？一种说法是这与纪月有关，与每个月的气候变化在动物身上的本能体现和作用有关。十二属相将龙排第五，是因为辰月是五月的代表，这个月正是万物生长的重要时节，农业对水的需求量很大，需要龙的保佑，天旱时行云布雨滋润庄稼。另一种说法是与计时有关，用十二生肖对应地支的十二个时辰。辰时是早上的七点到九点，这个时段一般容易起雾，传说龙喜腾云驾雾，正是群龙行雨的时间，旭日东升，万物蒸蒸日上。

关于十二生肖的排位顺序还有一个有意思的传说。传说古时候为了方便民间流行，黄帝命令大臣仓颉把用天干地支纪年改为十二生肖纪年。这年正月初一，便命天下所有动物到黄帝宫殿前候选。动物们得到消息后，个个欢呼雀跃，纷纷争先恐后准备去参选。龙也是其中一个，龙本来生得威风凛凛，浑身鳞甲，闪光发亮，双目溜圆，宛若明灯，银髯金须，随风飘拂，虎蹄鹰爪，驾雾腾云。美中不足的是头顶光秃秃的，似乎缺了点什么。当龙刚从潭中跃出水面时，一眼发现了大公鸡。大公鸡不仅羽毛漂亮，而且头上还长着一对美丽的角，不由得怦然心动，上前向大公鸡借头上的角。大公鸡摇了摇头说："不成，我明天还要参加生肖竞选大会呢！"龙说："你的角长在头上也是多余，就凭你那一身五彩斑斓的彩衣，就准能入选。"大公鸡爱听奉承话，有心把角借给

王鑫摄于山东邹城

龙，但还是舍不得。正在这时，爬来一条大蜈蚣说："鸡大哥，你就把角借给龙大哥吧，你要不放心，由我作保怎么样？"大公鸡见有蜈蚣作保，便答应了。龙万分欢喜，并满口应承生肖竞选大会后立即将角还给大公鸡。

在十二生肖竞选大会上，龙因为是第五个赶到的，所以排在第五位，而大公鸡却排在龙的后面，心里很不服气，后悔自己不该把角借给龙。散会之后，大公鸡急忙去找龙讨要自己的角。龙见了大公鸡自知理亏，可又不想把如此漂亮的角还给它，猛地跳进身边的深潭，躲了起来。大公鸡不会水，只好去找作保的蜈蚣。蜈蚣说："你还得找龙去讨要你的角，他若硬是不还，我有

宋丽芳摄于北京十渡

何办法？"说完，蜈蚣也躲了起来。从此，大公鸡头上没有了角，只留下红红的鸡冠。每天早晨登上高处大叫："龙哥哥，还我角！"平时，到处用爪子刨寻蜈蚣，只要见到蜈蚣就啄。十二生肖选定并排列次序后，黄帝便命

创造文字的仓颉，把十二种动物的名字刻在石碑上，一直流传至今。这块石碑在陕西省临潼骊山人祖庙的西北方，上面刻有十二生肖的形象，被称为"十二像石"。

神话传说中的龙

| 神话传说中的龙 |

一、龙女拜观音

在观音菩萨身边，有一对童男童女，男的叫善财，女的叫龙女。龙女原是东海龙王的小女儿，生得眉清目秀，聪明伶俐，深得龙王的宠爱。一天，她听说人间闹鱼灯，异常热闹，就吵着要去观看。龙王捋捋龙须摇摇头说："那里地荒人杂，可不是你龙公主去的地方啊！"龙女又是撒娇又是装哭，龙王还是不依。龙女嘟起小嘴巴，心里想：你不让我去，我偏要去！好容易挨到三更天，她悄悄溜出水晶宫，变成一个十分美丽的渔家少女，踏着朦胧月色，来到闹鱼灯的地方。

这是一个小渔镇，街上的鱼灯多极啦！有黄鱼灯、鳌鱼灯、章鱼灯、墨鱼灯、鲨鱼灯，还有龙虾灯、海蟹灯、扇贝灯、海螺灯、珊瑚灯……龙女东瞧瞧，西望望，越看越高兴，竟忘情地往人群里挤。不一会儿来到十字路口，这里更有趣！鱼灯叠鱼灯，灯山接灯山，五颜六色，光华璀璨。龙女如痴如醉地站在一座灯山前，看得出了神。

谁知这时从阁楼上泼下半杯冷茶，不偏不倚正泼在龙女头上。龙女猛吃一惊，叫苦不迭。原来，变成少女

15

的龙女，碰不得半滴水，一碰到水，就再也保不住少女模样了。龙女焦急万分，怕在大街上现出龙形，招来风雨冲垮灯会，于是不顾一切地挤出人群，拼命向海边奔去。刚刚跑到海滩，突然"呼啦"一声，龙女变成一条很大很大的鱼，躺在海滩上动弹不得。

正巧，海滩上来了一瘦一胖两个捕鱼小子，看到这

孟庆富 作

条光灿灿大鱼，一下子愣住了。"这是什么鱼呀！怎么会在沙滩上呢？"胖小子胆子小，站得远远地说："从来没有看见过这种鱼，怕是不吉利，快走吧！"瘦小子胆子大，不肯离去，边拨弄着鱼边说："不管是什么鱼，扛到街上去卖，准能赚笔外快。"两人嘀咕了一阵，然后扛着鱼，到街上叫卖去了。

那天晚上，观音菩萨正在紫竹林打坐，早将刚才发生的事情看得一清二楚，不觉动了慈悲之心，对站在身后的童子善财说："你快到渔镇去，将一条大鱼买下来，送到海里放生。"善财说："菩萨，弟子哪有银两去买鱼呀？"观音菩萨笑着说："你从香炉里抓一把去就是了。"善财点头称是，急忙

到观音院抓了一把香灰，踏着一朵莲花，飞奔到渔镇。这时，两个小子已将鱼扛到大街，一下子被观鱼灯的人围住了。称奇的，赞叹的，问价的，叽叽喳喳，议论纷纷，可是谁也不敢贸然买这么一条大鱼。

有个白胡子老头说："小子，这条鱼太大了，你们把它斩开零卖吧！"胖小子觉得老头说得有道理，于是向肉铺借来一把肉斧，举起来就要斩鱼。突然，一个小孩子叫道："快看呀！大鱼流眼泪了。"胖小子停下一看，大鱼果然流着两串晶莹的泪珠，吓得丢掉肉斧就往人群外面钻。瘦小子怕外快泡汤，赶紧拾起肉斧要斩，却被一个气喘吁吁赶来的小沙弥阻止住了："莫斩！莫斩！这条鱼我买下了。"众人一看，十分诧异："小沙弥怎么买鱼来了？"那个老头哼了一声，翘着山羊胡子说："和尚买鱼，怕是要开荤还俗了吧？"小沙弥见众人冷语讥笑，不觉脸红了，赶紧说："我买这条鱼是去放生的！"说着，掏出一撮碎银，递给瘦小子，并要他们将鱼扛到海边。瘦小子暗自高兴："外快赚到了！扛到海边，说不定等小沙弥一走，依旧能把这条大鱼扛回来呢！"他招呼胖小子扛起大鱼，跟着小沙弥向海边走去。

三人来到海边，小沙弥叫他们将大鱼放到海里。那鱼碰到海水，立即打了一个水花，游出老远老远，然后掉转身来，向小沙弥点了点头，然后就不见了。瘦小子

见鱼游走了，这才断了再捞外快的念头，摸出碎银，要分给胖小子。不料摊开手心一看，碎银变成了一把香灰，被一阵风吹得无影无踪。转眼再找小沙弥，也不知去向了。

再说东海龙宫里，自从不见了小公主，宫里宫外乱成一团。龙王气得龙须直翘，海龟丞相急得头颈伸出老长，守门官蟹将军吓得直吐白沫，玉虾宫女吓得跪在地上打颤……直到天亮，龙女回到水晶宫，大家才松了口气。龙王瞪起眼睛，怒气冲冲地呵斥道："小孽畜，你胆敢犯宫规，私自外出！说！到哪里去了？"龙女一看龙王动了怒，知道撒娇也没有用了，便照实说："父王，女儿观鱼灯去了，要不是观音菩萨派善财童子来救我，女儿差点儿没命了！"接着将自己的遭遇讲了一遍。龙王听了，脸上黯然失色。他怕观音将此事讲出去，让玉皇大帝知道了，自己就会落个"教女不严"的罪名。他越想越气，一怒之下，竟将龙女逐出水晶宫。

龙女伤心极了，茫茫东

18

海，到哪里去安身呢？第二天，她哭哭啼啼来到莲花洋。哭声传到紫竹林，观音菩萨一听就知道是龙女来了，她吩咐善财去接龙女上来。善财蹦蹦跳跳来到龙女面前，笑着问道："龙女妹妹，你还记得我这个小沙弥吗？"龙女连忙擦掉眼泪，红着脸说："你是善财哥哥呀？你是我的救命恩人呢！"说着就要叩拜。善财一把拉住了她："走，观音菩萨叫我来接你呢！"善财和龙女手拉手走进紫竹林。龙女一见观音菩萨端坐在莲台上，俯身便拜。观音菩萨很喜欢龙女，让她和善财像兄妹一样住在潮音洞附近的一个岩洞里，这个岩洞后来称为"善财龙女洞"。

从此，龙女就跟了观音菩萨。可是龙王反悔了，常常叫龙女回去。龙女依恋着普陀山的风光，再也不愿回到禁锢她的水晶宫去了。

二、潘和伏秃龙

舟山岛上有一座秃岭山，乱石满山，树木不长，一片荒凉。有一条秃龙，秃得掉了角，满头癞疮疤，全身黑黑的，又脏又丑，谁也不愿跟他来往，只好住在秃岭山上的石洞里。当他看到黄龙身披金，白龙鳞如银，青龙似翡翠，个个长得威武俊俏，他是多么妒嫉啊！当他见到别的山岭上树木葱郁，水明花香，与自己住的秃岭山一对比，他是多么眼红啊！他希望世上所有的龙都比他更丑更脏，所有的山都比秃岭山更秃更荒凉。

王鑫摄于松堂斋
民间博物馆

一天夜里，人们都熄灯入睡了，秃龙趁机溜进花园山，见四下无动静，就在地上猛啃乱扒。一眨眼，一大片青松被他连根拔起。他又挺身一跃，跳进竹园，骨碌碌一阵猛滚，一大片翠竹被他拦腰折断。他还不满足，又扑进果树林里，一阵拳打脚踢，把杨梅和水蜜桃打落一地，这才收住拳脚，得意地一笑，趾高气扬地走了。第二天，花园山下傅家村，人们三五成群，议论纷纷。有的说："自古至今，花园山从未出过这种怪事！"有

的说："妖魔作怪，傅家村要倒霉了！" 你一言，我一语，说得神乎其神，弄得全村人心惶惶，不得安宁。

秃龙见傅家村的人惊慌失措，心里非常高兴。他坐在石洞口，望着花园山，动着坏脑筋：偌大一座花园山，青松成林，翠竹满园，花草果木遍山野，即使每夜毁掉一大片，也不知要用多少精力，要花多长时间！他摸摸圆鼓鼓的肚皮，眼珠骨碌一转，计上心来。他顺着傅家村人的说法，添油加醋，放出谣言："花园山林深树密，阴森森不见天日，林中住着一个凶恶的妖怪。此妖不除，百姓要遭灾。若要除此妖，只有用火烧。森林一起火，烧不死妖怪，也会把他吓跑！" 经秃龙这么一游说，

果然有人主张立即放火烧山。

可是，村里有几个胆大的小子，不怕妖怪，不信这套鬼话。他们凑在一起，商量了一阵，便匆匆上山去了。这一来，秃龙的如意算盘落空了。他眼睛一眨，摇身变成一个小孩，躲过护林人，钻进竹园里，一伸手把一根毛竹捏得粉碎。他捏碎了一根又一根，转眼间毛竹捏碎一大片。毛竹碎裂声惊动了护林人。他们围上去一看，只见竹园里有个黑不溜秋的癞头小孩用手指轻轻一捏，一根碗口粗的毛竹就被捏碎了。大家都很惊奇，一齐喊起来："哪里来的野小孩，在这里毁坏竹林？"癞头小孩抬头看看大家，一点也不害怕，反而嬉皮笑脸地说："我是潘家坳的，怎么样？

毛竹噼啪响，就像放鞭炮，多好玩！"说罢，又伸手噼里啪啦地捏了起来。"狗杂种！你敢再捏，就打断你的手！"护林人大喊一声，扑了上去。癞头小孩不慌不忙，挥动双臂，一下打倒了两个护林人。一眨眼，他已溜得无影无踪。护林人气恼不过，奔到潘家坳去评理。潘家坳人听罢事情的经过，面面相觑，都说潘家坳里从未见过这么个癞头小孩。

傅家村人哪里肯信，硬要对方交出凶手，否则决不罢休。这时，人群中闪出一个名叫潘和的小子，抱拳施礼说："本村确无此人，如若不信，进村去寻好了！"护林人一听，怒火中烧，喊道："此事是我们亲眼所见，亲耳所闻，难道冤枉你们不

孟庆富 作

成？这样大一个潘家坳，叫我们到哪里去寻？"潘和还想以礼相劝，但护林人一口咬定对方袒护凶手拒不交人，猛地挥拳朝潘和打来，潘和急忙侧身闪开。潘家坳人见对方蛮不讲理，实在忍无可忍，一哄而上，围住了傅家村人。就这样，双方互不相让，拳来脚去，互打起来。潘和心里又焦急又纳闷儿：这个癞头小孩是谁呢？为什么他有这等能耐？他悄悄来到花园山想看个究竟。果然他前脚刚到，癞头小孩就来了。他急忙闪身躲到大树后面，只见癞头小孩一头闯进竹园，一伸手，一根碗口粗的毛竹就被捏碎了。

潘和心中一惊：这癞头小孩的手上功夫不凡啊！可是从未见过，也没听说过啊！不管怎么说，两村变冤家，祸根是他，若能抓住他，真相就大白了。他心里想着，取下弓箭，箭搭弦上，弓拉满弦，"嗖"一下射了出去，将癞头小孩的手掌钉到了一根粗竹上。癞头小孩大叫一声，现了龙形，张牙舞爪地直朝潘和扑来。潘和眼明手快，"嗖"地又是一箭，不偏不倚，正中秃龙右眼。秃龙连中两箭，知道对手武艺高强，不敢恋战，"呼啦啦"凌空飞腾，朝东海方向逃遁而去。人们清清楚楚着见一条前爪带箭、右眼流血的秃龙腾空而去，这才恍然大悟：毁坏山林的癞头小孩原来是这秃龙变的。

三、降服白龙马

自从有了紧箍咒，孙悟空就一心一意地跟着唐僧去西天取经，转眼就到了寒冬腊月。他们两个来到了蛇盘山的鹰愁涧，这里的水有万丈深，唐僧一不小心就掉了下去。悟空及时把师父救起，扶他坐到边上去，转身又回去找行李和马儿。可悟空只找到了行李，马儿却不见了。悟空环视四周都没找到马儿，他猜测应该是被白龙吃了。唐僧不相信，悟空告诉他自己有火眼金睛，一千里之内连蜻蜓都能看得到，何况是一匹马。悟空让师父先坐那儿，自己去找白龙要马儿，

可唐僧不愿意，怕被妖怪吃了。悟空无奈，只好将这里的山神和土地老儿叫出来保护师父，这才去找那条白龙。

悟空来到鹰愁涧，骂那条白龙是臭泥鳅，白龙听后很生气，出来问是谁在这儿撒野。他们话没说几句就打了起来，白龙的龙爪怎么斗得过孙悟空的金箍棒呢，于是白龙就躲进了水里。悟空回去告诉师父已经打败了白龙，因为没带回马儿，唐僧怀疑马儿是不是被白龙吃了。唐僧说悟空的本领没那么大，悟空不服气，又跑回去跟那白龙打斗，一定要比个高低再回来。悟空和白龙又打起来，白龙说马儿是他吃的，可是吐不出来，悟空就说要把他打死。

这一回他们打得天昏地

暗，白龙实在扛不住了，变成水蛇钻进了草丛中。悟空找了半天都没找到白龙，心想都是观音给他找的好差事，就去找观音了。

悟空来找观音菩萨，首先就指责观音菩萨给他安了个紧箍咒，观音菩萨说不用紧箍咒治他，他肯定不会听话的。悟空把白龙吃了他们马儿的事告诉了观音菩萨，菩萨说那条白龙原本是犯了死罪，后来她去求玉帝让白龙变成白马同他们一起去取经，随后观音菩萨就和悟空一起来到了鹰愁涧。

白龙见到观音菩萨后就说自己一直在等取经的人来，观音菩萨告诉他悟空就是取经人的徒弟，只是悟空没有告诉他自己是去取经的才有了这次的误会。观音菩萨告诉悟空以后路上还有归顺的，所以要提一些取经的话题，这样就可少些麻烦。观音菩萨将白龙变成白马，又了给悟空三根可以逢凶化吉的毫毛，悟空这才领着白马回到了师父面前。悟空告诉师父这白马是白龙变成的，可是却没有马鞍。后来他们师徒在一座庙里借宿的时候，老院主接到观音菩萨的指示早就在这儿等他们过来，并送了马鞍给他们。

| 泥塑 |

四、秃尾巴老李

很久很久以前，小坞沟还是个只有几户人家的小村庄。那里住着李老好夫妻，两口子又勤快又贴心，日子过得很宽裕。只是妻子都三十多岁了还没孩子，一提这事，两口子就叹气。终于有一天晚上，妻子对丈夫说"我有了"。李老好高兴得一蹦多高，不让妻子做饭，不让妻子下地干活儿。这样侍侯了一个月又一个月，到了满二十四个月这天，天灰蒙蒙的，之后便风雨交加，电闪雷鸣。这时妻子要生了，疼得直打滚儿。不想妻子肋下慢慢裂开一道缝儿，从里面钻出一条小黑龙来。

小龙落生，在床上扑扑棱棱，眼看着越长越大。妻子一看，当场吓死了。李老好本来盼着妻子生个大胖小子，没想到生了个怪物，妻子又死了，他又气又恨，挥起拳头向小龙砸去。那小东西呼地跳起，把身子盘在梁头上，吱吱叫着，摇头摆尾，像是和爹爹捉迷藏。李老好又急又气，顺手从地上摸了一把镰刀，狠狠地向小龙砍去。小龙一偏头，尾巴给削了下去。他忍着疼，窜出屋门，腾向空中。他在天上不停地徘徊，不肯离去。他还没来得及看娘一眼，还没在自己的家住上一天呢，爹爹却要劈死自己。但又一想：这也难怪，人龙本不是同类，这里不是自己该住的地方。想到这里，他头朝着小屋向爹娘拜了三拜，就驾着云腾着雾，一步三回头，向东北方向飞去。

小黑龙在天上飞了很久，低头见一条弯弯曲曲的大江横在地面，这条江虽不宽但很长，水面银光闪闪，两岸高山耸立，树木葱绿，是个安身的好地方。他就按落云头，挥去雷电，一头扎进水里。

这条江叫白龙江，由一条白龙镇守。这时白龙正在水中养神，听到响声，出来一看，见是一条秃尾巴黑龙

孟庆富　作

进来，勃然大怒："好个无尾黑小子，竟敢不报而入，侵我辖地！"说着就窜过去抓小黑龙。小黑龙往旁边一闪，也生气了，说道："你这个东西，不以礼相待，不邀我同住倒也罢了，还要以武力相欺，好没道理。"说着他们两个就在江底打了起来。

小黑龙年幼力小，又没经过争战，交手不多时，就气喘吁吁，力不能支了。他虚晃一招，抽身跃出水面，变作一黑衣少年，落荒而逃。他被打败，闷闷不乐，进了深山，正想着心事往前走，突然被绊了一跤。他低头一看，一个老人躺在地上，身边放着药铲、褡裢。小黑龙俯下身，贴着老人的胸口一听，心还跳动，就赶紧抱起

老人，到一个背风的角落放下。他又到山泉边弄了些水来，把树叶卷成喇叭筒，对着老人的嘴，把水慢慢地灌进去。不大一会儿，老人醒过来，睁开眼，见一俊俏黑衣少年站在面前，心里就明白了是怎么回事。他手扶地爬起来，对着小黑龙就要下跪。小黑龙慌忙阻止："老人家不要这样，救人解难是做人的本分。您为何躺在这深山野岭之中？"

这老人原是山东人，因家乡连年干旱，又逢兵荒马乱，在家无法生活，便逃出关里，来到这深山老林靠采药挖参度日，在白龙江边盖了两间草房栖身。一晃十几年过去了，手里也有了些积蓄，他想再挖些参，多攒些银子好回山东。这天一早自己进了深山，挖了一株大人参，不想在下山的路上被人一棍子打昏，劫去了人参。小黑龙听了老人的叙说，对老人更加亲切："老伯，我也是山东人，家在滕县的小坞沟村。"老人一阵狂喜："这太好了，咱爷俩更不外了。走！到我屋里去。"老人的茅屋离这里不远，小黑龙搀扶着老人，不大一会儿就到了。老人倒好酒备好饭，二人面对面落座，边喝边聊起来。

小黑龙架不住老人的盛情，多喝了几杯，想到母亲为生他而死，自己又无家可归，就掉下泪来。老人好纳闷儿，就问道："恩人有何心事？不妨说出来，或许我能帮上忙。"小黑龙就将实情告诉了老人。老人听后大惊，跪倒便拜："老朽肉眼凡胎，不识上仙真面，该死！该死！"小黑龙倒被老人逗笑了，急忙扶起老人："老伯！我虽是龙，可有姓，姓占百家姓第四个字；有家，家在人间村舍中；有父，父是平民庄稼汉；有母，母是农家贫穷女。不是和您一样吗？只是我体形怪异，离水不行，可恨那白龙不容我。"

老人听小黑龙这么说，也不害怕了："我能帮你什么忙？"

小黑龙想了想说："我确实需要帮忙，只是您上了年纪，我不忍劳烦您。"

"快别这样说，您救了我，我正该报答。"

"老伯，那白龙虽然骁勇，但咱俩还打不过他一个？"

"哎呀呀，上仙说哪里话。我不会腾云驾雾，又不能入江吞水，不会用兵器，不会施法术，如何靠近那白龙？"

"这我知道，您只需这么这么……就行了！"

"这容易！"

第二天，他们准备停当，小黑龙跃进江中现了原身去找白龙。白龙出了水府，见是小黑龙，哈哈大笑："我手下败将，莫非还来送死？"

小黑龙正色道："此次和你决一死战，分个高低，要是败给你，我情愿躺你面前，让你碎尸万段。"

白龙更加得意："好！君无戏言。既是这样，我也立个誓：你要赢了我，我就远走他乡，决不回来，把这水府永远让给你。"

二龙击掌后，就拉开架势打了起来。他们跳上翻下，忽东忽西，搅得泥沙泛起，江水沸腾。他们各自用着全身的力气，使出浑身的解数，展开了一场恶战。

站在江岸上的老人，见江水像开了锅，知道是小黑龙和小白龙开了战。他两眼盯着江面，不一会儿，"呼啦"翻起了白浪，他急忙将石灰撒下。又过了会儿，黑浪掀起，他赶忙将馍馍扔过去。就这样，他不时地向江里撒石灰，丢馍馍。

二龙在江里拼命撕杀，白龙见小黑龙要浮上水面，就想蹿过去压住他，刚抬头就被石灰迷了眼睛。小黑龙觉得饿了，趁白龙揉眼之机，往上一蹿，张口吃下老人丢下的馍馍，顿时有了力气。

如此大战三天三夜，小黑龙不时吃着馍馍，力气有增无减，越战越勇。白龙被

石灰多次迷眼，肚子又饿，渐渐力不能支，最后只好败阵，窜出江面，腾在空中，驾云施风，暴雨隐着身形，奔他乡逃命去了。

白龙败逃，黑龙入主，从此人们就把白龙江改叫黑龙江了。

一天，小黑龙召集虾兵蟹将，分派了职守，打发他们各行其事去了。他便坐在珊瑚椅上闭目养神，不知不觉就睡着了。他这一睡就是半个多月，醒后想起了挖参老人，就急急忙忙离开水府，来到岸上，依旧变作黑衣少年，走到老人住所，只见屋门虚掩，屋里空空，老人已回山东多日了。

不知不觉，小黑龙镇守黑龙江快一年了。这天小黑龙巡江归来，摸摸自己头上

渐渐长大的角，想起自己明天就满周岁，也是母亲去逝一周年，不由泪如雨下。他忙备了祭物，向家中奔去。

他在小坞沟上空按落云头，依旧变作黑衣少年，找到娘的坟墓，摆上香烛果盏，倒满酒杯，双膝跪下，祭奠亡母。洒过酒，烧了纸钱，接着磕了三个头，哭了好长时间，又腾入空中，恢复了龙身回到黑龙江。

人们看见暴风雨中一条秃尾巴龙在上空中盘旋，知道是李家生的那条小黑龙，就叫他秃尾巴老李。又发现李老好妻子的坟头没淋雨，周围也是干干的，知道是秃尾巴老李来上坟。据说，大清康熙年间一场大雨过后，有人在李老好之妻坟前还拾到过金酒瓶子银酒壶呢。

秃尾巴老李镇守黑龙江，尽心尽力，兢兢业业，把水族和整条江治理得有条有理。他按季节兴风布雨，帮助人们的农事耕作。他自己生活得也很惬意，只是时时思念去世的母亲和那采药的老人。为了表示他对家乡人的思念和敬重，凡载有山东人的过往船只，到了江心，他就送上一条大鲤鱼。船家在开船前总是先问问乘客中有没有山东人，有山东人就风平浪静，稳稳当当，没有山东人那就难说了。那跳上船板的大鲤鱼，当然谁也不吃，船家双手捧起，向着乘客喊道："秃尾巴老李给山东老乡送礼了！"然后再放回江里，这习俗直到民国时还保持着。

民间故事中的龙

| 民间故事中的龙 |

一、叶公好龙

鲁哀公经常向别人说自己是多么地渴望人才，多么喜欢有知识才干的人。有个叫子张的人听说鲁哀公这么欢迎贤才，便从很远的地方风尘仆仆地来到鲁国，请求拜见鲁哀公。

子张在鲁国一直住了七天，也没等到鲁哀公的影子。原来鲁哀公说自己喜欢有知识的人只是赶时髦，学着别的国君说说而已，对前来求见的子张根本没当一回事，早已忘到脑后去了。子张很失望，也十分生气。他给鲁哀公的车夫讲了一个故事，并让车夫把这个故事转述给鲁哀公。然后，子张就悄然离去了。

终于有一天，鲁哀公记起子张求见的事情，准备叫自己的车夫去把子张请来。车夫对鲁哀公说："他早已走了。"

鲁哀公很不解，他问车夫："他不是投奔我来的吗？为什么又走了呢？"

于是，车夫向鲁哀公转述了子张留下的故事。那故事是这样的：

有个叫叶子高的人，总向人吹嘘自己是如何喜欢龙。他在衣带钩上画着龙，在酒具上刻着龙，他的房屋卧室凡是雕刻花纹的地方全

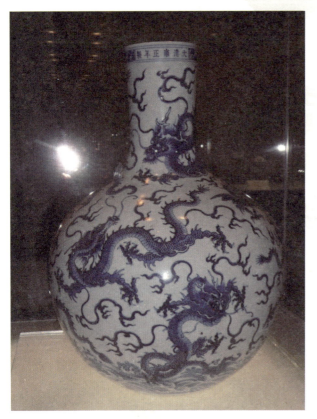

王鑫摄于天津博物馆

都雕刻着龙。天上的真龙知道叶子高如此喜欢龙，很是感动。一天，真龙降临到叶子高的家里，它把头伸进窗户里探望，把尾巴拖在厅堂上。叶子高见了，吓得脸都变了颜色，惊恐万状，掉头就跑。真龙感到莫名其妙，

很是失望。其实那叶公并非真的喜欢龙，只不过是口头上说说罢了。

我们现实生活中像叶子高这样的人也不少，他们往往口头上标榜的是一套，而一旦要动真格的，却临阵脱逃，这跟叶公好龙又有什么两样呢？

二、画龙点睛

南北朝时期的梁朝，有一位很出名的大画家名叫张僧繇，他的绘画技术很高超。当时的皇帝梁武帝信奉佛教，修建了很多寺庙，都让他去作画。

传说有一年，梁武帝要张僧繇为金陵的安乐寺作画，在寺庙的墙壁上画四条金龙。他答应下来，仅用三天时间就画好了。这些龙画

得栩栩如生，惟妙惟肖，简直就像真龙一样活灵活现。

张僧繇画好后，吸引很多人前去观看，大家都称赞画得好，太逼真了。可是，当人们走近一看，发现美中不足的是四条龙全都没有眼睛。大家纷纷请求他把龙的眼睛点上。张僧繇解释说："给龙点上眼珠并不难，但是点上了眼珠这些龙会破壁飞走的。"

大家听后谁都不相信，认为他这样解释很荒唐，墙上的龙怎么会飞走呢？日子长了，很多人都以为他是在说谎。张僧繇被逼得没有办法，只好答应给龙"点睛"，但是他为了要让庙中留下两条白龙，只肯为另外两条白龙点睛。

这一天，在寺庙墙壁前有很多人围观，张僧繇当着众人的面，提起画笔，轻轻

王鑫摄于天津博物馆

清 雍正款青花龙纹碗

Blue-and-white Bowl with Dragon Design
With the Imperial Mark of Yongzheng Reign (1723-1735), Qing Dynasty

地给两条龙点上了眼睛。

奇怪的事情果然发生了，他点过第二条龙的眼睛，过了一会儿，天空乌云密布，狂风四起，雷鸣电闪，在雷电之中，人们看见被"点睛"的两条龙震破墙壁凌空而起，张牙舞爪地腾云驾雾飞向天空。

过了一会儿，云散天晴，人们吓得目瞪口呆，一句话都说不出来。再看墙上，只剩下了没有被点上眼睛的两条龙，而另外两条被"点睛"的龙已经不知去向了。

后来人们根据这个传说引申出"画龙点睛"这个成语，比喻说话或写文章，在重要处用上关键性的、精辟的一两句话，点明要旨，内容就更加生动有力了。

三、车水马龙

东汉名将马援的小女儿

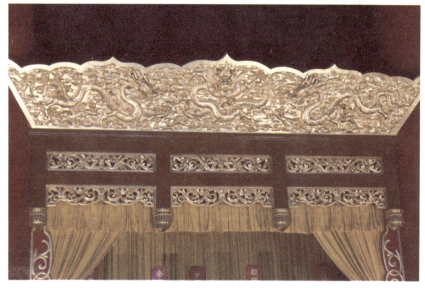
王鑫摄于历代帝王庙

马氏，由于父母早亡，年纪很小就操办家中的事情，把家务料理得井然有序，亲戚朋友都称赞她是个能干的人。

十三岁那年，马氏被选进宫内。她先是侍候汉光武帝的皇后，很受宠爱。光武帝去世后，太子刘庄即位，就是汉明帝，马氏被封为贵人。由于她一直没有生育，便收养了贾氏的一个儿子，取名为刘旭。公元60年，由于皇太后对她非常宠爱，她被立为明帝的皇后。

马氏当了皇后，生活还是非常俭朴。明帝死后，刘旭即位，这就是汉章帝。马皇后被尊为皇太后。不久，章帝根据一些大臣的建议，打算对皇太后的弟兄封爵。马太后遵照已去世的光武帝有关后宫家族不得封侯的规定，明确地反对这样做，因此这件事没有办成。

第二年夏天，发生了大旱灾。一些大臣又上奏说，今年所以大旱，是因为去年不封外戚的缘故，他们再次要求分封马氏舅父。马太后还是不同意，并且为此专门发了诏书，诏书上说："凡是提出要对外戚封爵的人，都是想献媚于我，都是要从中取得好处。天大旱跟封爵有什么关系？要记住前朝的教训，宠贵外戚会招来倾覆的大祸。先帝不让外戚担任重要职务，防备的就是这个。怎能再让马氏走这条路呢？"诏书还说："马家的舅父，个个都很富贵。我身为太后，还是食不求甘，穿着俭朴。我这样做的目的，是为下边做个样子，让外戚见了好反省自己。可是，他们不反躬自责，反而笑话我太俭省。前几天我路过娘家住地濯龙园的门前，见从外面到舅舅家拜候、请安的车子像流水那样不停地驶去，马匹往来不绝，好像一条游龙，招摇得很。他们家的用人，穿得整整齐齐，再看看我们，比他们差远了。我当时竭力控制自己，没有责备他们。他们只知道自己享乐，根本不为国家考虑，我怎么能同意给他们加官进爵呢？"

四、鲤鱼跃龙门

很久以前，龙门还未凿开，伊河流到这里被龙门山挡住了，就在山南积聚了一个大湖。

居住在黄河里的鲤鱼听说龙门风光好，都想去观光。它们从河南孟津的黄河出发，通过洛河，又顺伊河来到龙门水溅口的地方，但龙门山上无水路，上不去，它们只好聚在龙门的北山脚下。"我有个主意，咱们跳过这龙门山怎样？"一条大红鲤鱼对大家说。"那么高，怎么跳啊？""跳不好会摔死的！"伙伴们七嘴八舌拿不定主意。大红鲤鱼便自告奋勇地说："我先跳，试一试。"只见它从半里外就使出全身力量，像离弦的箭，纵身一跃，一下子跳到半空中，带着空中的云和雨往前走。一团天火从身后追来，烧掉了它的尾巴。它忍着疼痛，继续朝前飞跃，终于越过龙门山，落到山南的湖水中，一眨眼就变成了一条巨龙。

山北的鲤鱼们见此情景，

一个个吓得缩在一起，不敢再去冒这个险了。这时，忽见天上降下一条巨龙说："不要怕，我就是你们的伙伴大红鲤鱼，因为我跳过了龙门，就变成了龙，你们也要勇敢地跳呀！"鲤鱼们听了这些话，受到鼓舞，开始一个接一个跳龙门山。可是除了个别的跳过去化为龙以外，大多数都没跳过去。凡是跳不过去从空中摔下来的，额头上就落一个黑疤。直到今天，这个黑疤还长在黄河鲤鱼的额头上呢。

后来，唐朝大诗人李白专门为这件事写了一首诗："黄河三尺鲤，本在孟津居，点额不成龙，归来伴凡鱼。"

传统节日中的龙

| 传统节日中的龙 |

一、正月十五舞龙

关于舞龙的起源有一个传说：龙王腰痛难忍，神药吃了俱不见效，遂求助人间大夫。大夫使龙王变回原形，从腰间的鳞甲中捉出一条蜈蚣。经过拔毒、敷药，龙王完全康复了。为了答谢治疗之恩，龙王告诉大夫：只要照我的样子扎龙舞耍，就能风调雨顺，五谷丰登。这件事传出后，人们便以为龙能兴云布雨，每逢干旱便舞龙祈雨，并有春舞青龙、夏舞赤龙、秋舞白龙、冬舞黑龙的说法。

关于舞龙最早的文字记载是汉代的鱼龙之戏。鱼龙之戏是一种杂技兼舞蹈的表演活动，先由人装扮成一种怪兽，在庭园里嬉戏；然后变成鱼，进入殿前的水中，嬉水喷雾；最后变成黄龙，出水，再到庭院里嬉戏。张衡在《西京赋》里也生动地描写了这种舞龙表演："海鳞变而成龙，状蜿蜿以蝹蝹。"另外，在沂南古画像

王鑫摄于嘉兴

石上也刻有汉代艺人扮演的"鱼龙曼衍"之戏，有鱼舞和戏龙。曼衍也是一种巨型怪兽，曼衍之戏也是一种由人装扮成巨兽的舞蹈。后世将"鱼龙曼衍"并称。"鱼龙曼衍"之戏一直传承到隋唐时期。唐代之后，这种游戏的完整套路失传了，只有局部的表演技艺流传下来。后世的舞龙、舞狮等表演应是由"鱼龙曼衍"之戏传承、演化而来的。

王鑫摄于潞县

龙与灯的结合出自灯会，西汉文帝刘恒为庆祝勘平"诸吕之乱"，张灯结彩，出宫与民同乐。后龙灯随各式彩灯而出，龙灯并盛，遂在民间广为流传。宋代吴自牧在《梦粱录》中就有记载："元宵之夜……草缚成龙，用青幕遮草上，密置灯烛万盏，望之蜿蜒如双之状。"四川现存的府县志《蓬溪县志》（清道光二十五年）有书，"上元……（各种灯舞）伯什成队，簇龙游市衢，踏百巷"；《广安州新志》（1927年重印）载："十五日为'上元节'。前数夕放灯，曰'出灯'……五彩龙形，灵中纳火，长数丈，节次续之，人持一节，屈蟠天矫，星流电掣。"从宋元至明清，舞龙表演的规模更加盛大。清代

《沪城岁事》记述，元宵节舞龙的形状是："环竹箔作龙状，蒙以（希），绘龙鳞于上，有首有尾，下承以木柄旋舞，街巷前导为灯牌，必书'五谷丰登、宫清民乐'。"慈禧太后是个喜欢玩乐的女人，据清史记载，慈禧太后每年元宵节都要在颐和园举行舞龙灯会，参加舞龙的艺人多达 3000 人。可见当时舞龙活动场面是相当宏大的。

正月十五舞龙灯，是中国独具特色的民间娱乐活动，从春节到元宵灯节，中国城乡广大地区都有舞龙灯的习俗，用舞龙、舞龙灯的方式祈祷龙的保佑，预祝来年春夏秋冬风调雨顺五谷丰登。

张银泉摄于婺源元宵节

二、二月二"龙抬头"

二月二又叫"龙头节"，可见与龙的关系密切，这与中国传统文化中关于二月星象、物候有关。古时中国以农业为主，农业生产最讲究不误农时，所以中国人特重时令，仰观天象，俯察地理，发现特定星象的方位在不同时间各不相同，因此根据其所在方位，便可以判断当时的季节。在农历二月初二这天，大约夜晚九点半左右，"龙"的两只"犄角"（即角宿一星和角宿二星）就从东方地平线上慢慢升起，这时整个"天龙"的身子尚隐没在地平线以下，故称"龙抬头"。

王鑫摄于河北赵县

| 北京黑龙关龙神庙 |
王鑫 摄

除了要祭龙之外，中国北方广泛流传着"二月二，龙抬头；大仓满，小仓流"的民谚。山东、河南、河北、江苏、安徽和东北三省等地都要填仓。仓囤是人们储存粮食的地方，初二一大早用灰（常常是庄稼秸秆的灰）画成大大小小的仓囤，仓囤往往还要画成多圈以表明粮食多得仓囤放置不下，只有在上面添加其他的器物才令粮食不至于溢出来；有的囤外再画上梯子，以表明囤是如此高大，只有登上梯子才能放置或取到粮食。

龙抬头这天各地还有"引龙熏虫"的活动，明刘侗《帝京景物略》上说："二月二日，曰，龙抬头。煎元旦余饼，熏床炕，曰，熏虫儿，谓引龙，虫不出也。"清《帝京岁时纪胜》云："乡民用灰自门外蜿蜒布入宅厨，旋绕水缸，呼为'引龙回'。都人用黍面枣糕、麦米等物，油煎为食，曰，熏虫"。老北京人还用龙来称呼食物和各种活动。如春饼叫"龙皮"，水饺叫"龙耳"，面条叫"龙须"，米饭叫"龙子"，馄饨叫"龙眼"，肉卷馍叫"懒龙"；甚至做春饼时，还要在饼上做出龙鳞来，叫"龙鳞饼"。妇女们在这天不做针线活计，说怕伤了龙眼睛。东北的许多地区流行二月二剃龙头的习俗，所以这一天理发店生意异常火爆。

祭祀龙是二月二的主要活动，河北赵县范庄镇的龙牌会就是其中代表，这一天十里八乡的村民都自发地来到龙牌会祭龙。龙牌会与勾

王鑫摄于赵县龙牌会

龙化白蛾的故事有着密切的关系。相传，龙牌上的龙神为勾龙，他就是农历二月二出生的。勾龙本是上古部落首领共工氏的儿子，因其父共工氏被颛顼打败，勾龙也不得不逃离避祸。后来，勾龙来到当时还是一片洪水的范庄地区，利用排山倒海的本领，疏导洪水，治理沙荒，种植五谷，造福人类。颛顼闻讯后，害怕勾龙的势力壮大起来于己不利，要追杀勾龙。勾龙敌不过强大的颛顼，

又怕连累当地百姓，便化作白蛾飞起。自此，范庄人有了"勾龙化白蛾"的传说。为了祭祖缅怀先人，范庄人开始把勾龙尊为天地十方的主宰世代供奉，祭拜龙神的仪式也逐渐演变成现在的"龙牌会"。

二月初二祭龙牌，算是整个"龙牌会"祭祀仪式的高潮。届时，大殿前面的广场俨然是个大的舞台，来自周边各地的花会即表演队伍都会拿出压箱底的绝活儿卖

力表演，秧歌、跑驴、腰鼓、战鼓、大鼓等农村地区能够见到的文艺表演在这里都可以看到。而到了初四下午，"送龙牌"仪式将再现迎龙牌时的盛况，当龙牌被重新请出送回后，这一年的"龙牌会"也宣告结束。对于村民来说，"龙牌会"是个祭拜先祖、祈福消灾的盛会，而对于前来凑热闹的外地人来说，"龙牌会"更是个欣赏传统文化的好机会。因为除了范庄村民外，参与者还有周边村子甚至附近藁城、高邑、元氏、赞皇、晋州、辛集、宁晋、临城等地赶来参加花会的人。凡是赶来参会的都会受到范庄人的热情款待，村民在盘好的锅头灶台中炖起大锅菜、蒸上热馒头，保证每个人都能吃饱。

王鑫摄于赵县龙牌会

三、端午节龙舟竞渡

端午节本是一个夏季驱除瘟疫的节日，公元前278年农历五月初五，流放汨罗江畔的爱国诗人屈原闻听楚都被攻陷的消息后，悲愤交加，自沉汨罗江。沿岸百姓纷纷引舟抢救，并向江水中抛撒食物防止鱼虾以屈原为食。此后每年五月初五，人们都要赛龙舟、包粽子，表达对屈原的怀念，这一习俗也逐渐被人称为端午节的由来。当然，纪念屈原并不是端午节的全部内容。最初的粽子外缠五色线，还加上楝树叶，本意是辟邪。宋人范致明《岳阳风土记》记录当地端午划船比赛活动："其实竞渡也，而以为禳灾。"因地域差异，除祭祀屈原外，

王鑫 摄

也有纪念伍子胥、曹娥的，并有戴五彩绳、喝雄黄酒、挂艾草菖蒲等各种活动。

端午竞渡的习俗主要源于两个地区，一是屈原投江的荆楚地区，自然是为纪念屈原的；二是吴越地区，一说是迎伍子胥，一说是祭祀越王勾践，后来也有说是祭祀曹娥。但当时龙被帝王家垄断，竞渡是不会有龙舟的。南北朝时期的《荆楚岁时记》中记载："按五月五日竞渡，

| 迎龙头 |
王鑫摄于嘉兴端午民俗文化节

俗为屈原投汨罗日，伤其死所，故并命舟楫以拯之。舸舟取其轻利，谓之飞凫。"意思是：在五月初五这天赛舟，习俗上因为这天是屈原投汨罗江的日子，乡民痛惜他的死，所以命各家派人一起划船去救他。所用之船轻便快捷，称为飞凫。"飞凫"就是"鸟舟"，意为会飞的鸭子，这舟显然属于"鸟舟"

了。民间保留的鸟舟竞渡的传统，因为后来龙舟竞渡壮大而被边缘化，端午竞渡最初就是鸟舟竞渡，后来演变为凤舟竞渡。

历史上最著名的龙舟大概要属隋炀帝出巡的大龙舟。隋炀帝所乘的龙舟，体势高大，共有四层，相传高约15米，长67米，上层有正殿、内殿、东西朝堂。中间两层有120个房间，可谓是极尽奢华。但直到南宋时期才有"龙舟竞渡"的表述，唐朝以前的龙舟多是咏叹隋炀帝龙舟误国。

龙舟竞渡作为端午节的一项重要习俗活动，直到今天仍然受到广大人民的喜爱。1984年，国家体育运动委员会决定将龙舟竞渡作为正式的体育比赛项目，龙

｜高要金利龙舟竞渡｜
江西日报通讯员
苏科伟摄　刊于
江西日报

舟竞渡被赋予了增强人民体质、培养团队精神的新内涵。随着国际文化交流，龙舟竞渡走出国门传到了新加坡、越南、美国、俄罗斯、德国等国。

四、少数民族祭龙节

除了这些汉族的传统节日外，少数民族也有关于龙的特殊节日。壮族、藏族、彝族、水族、纳西族、哈尼族都有祭龙节。因地域等原因，各地举行日期不尽相同，但多半在二月初三、三月初三、六月初六举行。祭龙分大祭和小祭，小祭即杀猪宰鸡，大祭则宰牛，祭礼由村中德高望重的被称为"龙头"的老人主持，祭坛设在"龙树下"。各家各户自己置办齐猪、鸡、鸭等祭物，出家中男性前往献祭。祭时停产三日，祭后的第一个午日，各户派一个男性自带酒肉去"龙头"家聚餐，以示谢意。有的村寨在祭龙期间还舞龙，举家备清水一盆，当"龙"从门前经过，将水泼龙身，龙身泼湿，才会风调雨顺。

成语诗词中的龙

｜成语诗词中的龙｜

一、龙的成语

白龙鱼服：白龙化为鱼在渊中游。比喻帝王或大官隐藏身份，微服出行。

笔走龙蛇：形容书法生动而有气势。

藏龙卧虎：指隐藏着未被发现的人才，也指隐藏不露的人才。

乘龙佳婿：乘龙指女子乘坐于龙上得道成仙；佳婿指称意的女婿，旧时指才貌双全的女婿，也用作誉称别人的女婿。

打凤捞龙：凤和龙指人才。比喻搜索、物色难得的人才。

二龙戏珠：两条龙相对，戏玩着一颗宝珠。

风虎云龙：虎啸生风，龙起生云。指同类事物相互感应。旧时也比喻圣主得贤臣，贤臣遇明君。

伏虎降龙：伏：屈服；降：用威力使屈服。指用威力使猛虎和恶龙屈服。形容力量强大，能战胜一切敌人和困难。

伏龙凤雏：伏龙指（卧龙）诸葛孔明。凤雏指庞士元。两人都是汉末三国时期著名的谋略家、军事家。后指隐而未现的有较高学问和能耐的人。

龟龙鳞凤：传统上用来象征长寿、尊贵、吉祥的四

55

种动物。比喻身处高位德盖四海的人。

龟龙片甲：比喻无论巨细都搜罗进来的好东西。

虎斗龙争：形容斗争或竞赛很激烈。

虎踞龙盘：形容地势雄伟险要。

虎卧龙跳：形容文笔、书法雄浑超逸。

虎穴龙潭：龙潜居的深水坑，老虎藏身的巢穴。比喻极险恶的地方。

活龙活现：形容神情逼真，使人感到好像亲眼看到一般。

骥子龙文：骥子：千里马；龙文：骏马名，旧时多指神童。原为佳子弟的代称，后多比喻英才。

蛟龙得水：传说蛟龙得水后就能兴云作雨飞腾升天。比喻有才能的人获得施展的机会。也比喻摆脱困境。

矫若惊龙：矫：矫健。常用于形容书法笔势刚健或舞姿婀娜。

来龙去脉：本指山脉的走势和去向。现比喻一件事的前因后果。

老态龙钟：形容年老体衰，行动不灵便。

龙飞凤舞：原形容山势的蜿蜒雄壮，后也形容书法笔势有力，灵活舒展。

龙凤呈祥：指吉庆之事。

龙肝凤脑：比喻极难得的珍贵食品。

龙驹凤雏：比喻英俊秀颖的少年。常作恭维语。

龙马精神：龙马：古代传说中形状像龙的骏马。比喻人精神旺盛。

龙蟠凤逸：如龙盘曲，如凤深藏。比喻有才能而没有人赏识。

龙蛇飞动：仿佛龙飞腾，蛇游动。形容书法气势奔放，笔力劲健。

龙蛇混杂：比喻好人和坏人混在一起。

龙生九子：比喻同胞兄弟品质、爱好各不相同。

龙腾虎跃：像龙在飞腾，虎在跳跃。形容跑跳时动作矫健有力。也比喻奋起行动，有所作为。

龙跳虎卧：比喻文笔、

|龙飞凤舞|
王鑫摄于御窑厂

书法纵逸雄劲。

龙骧虎视：像龙马高昂着头，像老虎注视着猎物。形容人的气慨威武。也比喻雄才大略。

龙行虎步：原形容帝王的仪态不同一般。后也形容将军的英武姿态。

龙血玄黄：比喻战争激烈，血流成河。

龙吟虎啸：像龙在鸣，虎在啸。比喻相关的事物互相感应。

龙跃凤鸣：像龙在腾跃，

凤凰在高鸣。比喻才华出众。

龙章凤姿：章：文采。蛟龙的文采，凤凰的姿容。比喻风采出众。

龙争虎斗：形容斗争或竞赛很激烈。

攀龙附凤：指巴结投靠有权势的人以获取富贵。

炮凤烹龙：烹：煮；炮：烧。形容菜肴极为丰盛、珍奇。

暴腮龙门：像鱼仰望龙门而不得上一样。科举时代比喻应进士试不第，后也比喻生活遭遇挫折，处境窘迫。

盘龙之癖：指爱好赌博的恶习。

乔龙画虎：形容假心假意地献殷勤。

群龙无首：一群龙没有领头的。比喻没有领头的，无法统一行动。

人中之龙：比喻人中豪杰。

蛇化为龙，不变其文：比喻无论形式上怎样变化，实质还是一样。

神龙见首不见尾：原是谈诗的神韵，后比喻人的行踪诡秘，刚一露面又不见了。也比喻言辞闪烁，使人捉摸不透。

尸居龙见：居：静居；见：出现。静如尸而动如龙。

生龙活虎：形容活泼矫健，富有生气。

痛饮黄龙：黄龙：即黄龙府，辖地在今吉林一带，为金人的腹地。原指攻克敌京，置酒高会以祝捷。后泛指为打垮敌人而开怀畅饮。

屠龙之技：屠：宰杀。宰杀蛟龙的技能。比喻技术虽高，但不实用。

土龙刍狗：泥土捏的

龙，稻草扎的狗。比喻名不副实。

望子成龙：希望自己的子女能在学业和事业上有成就。

匣里龙吟：宝剑在匣中发出龙吟般的声响。原指剑的神通，后比喻有大材的人希望见用。

降龙伏虎：原是佛教故事，指用法力制服龙虎。后比喻有极大的能力，能够战胜很强的对手或克服很大的困难。

一龙一猪：一个是龙，一个是猪。比喻两个人高下相差极大。

一世龙门：一世：一代；龙门：后汉时李膺有重名，后起的文人有登门拜访的，称之登龙门。指文人所崇仰的人物。

王鑫摄于御窑厂

游云惊龙：形容书法精妙。

鱼龙混杂：比喻坏人和好人混在一起。

鱼龙曼衍：原指各种杂戏同时演出。后形容事物杂乱。也比喻变化很多（含贬义）。

元龙高卧：元龙：三国时陈登，字元龙。原指陈登自卧大床，让客人睡下床。后比喻对客人怠慢无礼。

元龙豪气：元龙：三国时陈登，字元龙，曾慢待许汜；豪：豪放。形容性格豪放。

云龙井蛙：云端的龙，井底的蛙。比喻地位的高下相差极大。

云起龙骧：骧：腾起。如云涌升，如龙腾起。旧时比喻英雄豪杰乘时而起。

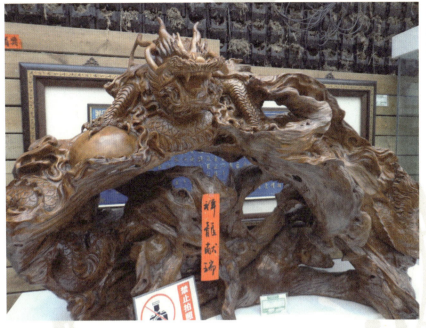

|祥龙献瑞|
王鑫摄于北京前
门根雕展

直捣黄龙：黄龙：即黄龙府，辖地在今吉林一带，为金人的腹地。一直打到黄龙府。指捣毁敌人的巢穴。

二、龙的诗词

龙 移

[唐]韩愈

天昏地黑蛟龙移，

雷惊电激雄雌随。

清泉百丈化为土，

鱼鳖枯死吁可悲。

龙

[唐]李峤

衔烛耀幽都，

含章拟凤雏。

西秦饮渭水，

东洛荐河图。

带火移星陆，

升云出鼎湖。

希逢圣人步，

庭阙正晨趋。

骊 龙

[唐]无名氏

有美为鳞族，
潜蟠得所从。
标奇初韫宝，
表智即称龙。
大壑长千里，
深泉固九重。
奋髯云乍起，
矫首浪还冲。

龙夜吟

[唐]李贺

鬈发胡儿眼睛绿，
高楼夜静吹横竹。
一声似向天上来，
月下美人望乡哭。
直排七点星藏指，
暗合清风调宫徵。
蜀道秋深云满林，

湘江半夜龙惊起。
玉堂美人边塞情，
碧窗皓月愁中听。
寒砧能捣百尺练，
粉泪凝珠滴红线。
胡儿莫作陇头吟，
隔窗暗结愁人心。

黑潭龙

[唐]白居易

黑潭水深黑如墨，
传有神龙人不识。
潭上驾屋官立祠，
龙不能神人神之。
丰凶水旱与疾疫，
乡里皆言龙所为。
家家养豚漉清酒，
朝祈暮赛依巫口。
神之来兮风飘飘，
纸钱动兮锦伞摇。
神之去兮风亦静，
香火灭兮杯盘冷。

肉堆潭岸石，
酒泼庙前草。
不知龙神享几多，
林鼠山狐长醉饱。
狐何幸？
豚何辜？
年年杀豚将喂狐。
狐假龙神食豚尽，
九重泉底龙知无？

龙女祠

[唐]岑参

龙女何处来，
来时乘风雨。
祠堂青林下，
宛宛如相语。
蜀人竞祈恩，
捧酒仍击鼓。

龙 潭

[唐]韦庄

石激悬流雪满湾，

五龙潜处野云闲。
暂收雷电九峰下，
且饮溪潭一水间。
浪引浮槎依北岸，
波分晓日浸东山。
回瞻四面如看画，
须信游人不欲还。

咏龙诗

[金]完颜亮

蛟龙潜匿隐苍波，
且与虾蟆作混和。
等待一朝头角就，
撼摇霹雳震山河。

龙 挂

[宋]陆游

成都六月天大风，
发屋动地声势雄。
黑云崔嵬行风中，
凛如鬼神塞虚空，
霹雳迸火射地红。

63

上帝有命起伏龙，
龙尾不卷曳天东。
壮哉雨点车轴同，
山摧江溢路不通，
连根拔出千尺松。
未言为人作年丰，
伟观一洗芥蒂胸。

塔前古桧

[宋] 苏轼

当年双桧是双童，
相对无言老更荒。
庭雪到腰埋不死，
如今化作雨苍龙。

生肖龙与名人

| 生肖龙与名人 |

一、班超

班超（32年—102年），字仲升。汉族，扶风郡平陵县（今陕西咸阳东北）人。东汉时期著名军事家、外交家。史学家班彪的幼子，其长兄班固、妹妹班昭也是著名史学家。公元73年，窦固带领军队分道出塞进攻匈奴。初出茅庐的班超在这次战役中崭露头角，他以代司马的职务，率偏师千余人侧击伊吾卢，策应主力，在巴里坤湖大败匈奴军队，为战役全面胜利奠定了基础，受到大将军窦固的赏识，委他36人组成的特使通好西域各小国。在鄯善，班超果断地下达命令："不入虎穴，焉得虎子！"与随行的36人奇袭匈奴营地。之后陆续打通丝绸之路。公元75年他接到要他回京的命令，准备回京，西域各族人绵延几百里挽留他，有的还抱着他坐的马足不让走。班超不忍伤了民情，只好向朝廷修书说明情况，留了下来。这一留就是30年。30年间，班超在危机四伏的环境下，只有一支千余人的"老兵"队伍，始终控制西域的局势，表现了优秀的军事才能和杰出的政治才能。他为平定西域，促进民族融合做出了巨大贡献。

二、李商隐

李商隐（812 年—858 年），字义山，号玉溪（谿）生，又号樊南生，原籍怀州河内（今河南沁阳）。晚唐著名诗人。837 年，李商隐登进士第，曾任秘书省校书郎、弘农尉等职。因卷入"牛李党争"的政治旋涡而备受排挤，一生困顿不得志。858 年，李商隐在郑州病故，死后葬于祖籍怀州雍店（今沁阳山王庄镇）之东原的清化北山下。李商隐是晚唐乃至整个唐代为数不多的刻意追求诗美的诗人。他擅长诗歌写作，骈文文学价值也很高，和杜牧合称"小李杜"，与温庭筠合称为"温李"。其诗构思新奇，风格秾丽，尤其是一些爱情诗和无题诗写得缠绵悱恻，优美动人，广为传诵。但部分诗歌过于隐晦迷离，难于索解，以至有"诗家总爱西昆好，独恨无人作郑笺"之说。

| 李商隐公园李商隐塑像 |
闫青衣摄　来源于闫青衣博客

三、朱元璋

朱元璋（1328 年—1398 年），濠州钟离（今安徽凤阳东北）人，幼名重八，参加农民起义军后改名元璋，字国瑞，元末农民起义军首领，明朝开国皇帝，史称明太祖，卓越的军事家、战略家。朱元璋幼时贫穷，曾为地主放牛。1344 年，入皇觉寺，25 岁时参加郭子兴领导的红巾军反抗元朝，他善于审时度势，寻找时机，向元势力薄弱的地区发展。儒士朱升向他献上了"高筑墙、广积粮、缓称王"三条帝业妙策，使朱元璋的队伍建立了巩固的根据地，有充裕的时间和精力用于发展生产，减少了元政府的注意力，取得了壮大队伍的实效。1368年朱元璋击破各路农民起义军后，在应天府称帝，国号大明，年号洪武。后结束了蒙元在中原的统治，平定四川、广西、甘肃、云南等地，最终统一中国。朱元璋在位期间，下令农民归耕，奖励垦荒，大搞移民屯田和军屯，组织各地农民兴修水利，大力提倡种植桑、麻、棉等经

| 朱元璋像 |
来源于国立故宫博物院南熏殿旧藏《明太祖半身像轴》

济作物和果木作物。他还徙富民，抑豪强，下令解放奴婢，减免税负，严惩贪官，派人到全国各地丈量土地，清查户口等等。经过洪武时期的努力，社会生产逐渐恢复和发展，史称洪武之治。1380 年，朱元璋废丞相，设承宣布政使司、提刑按察使司、都指挥使司三司分掌权力，进一步加强了中央集权。

四、蔡元培

蔡元培（1868年—1940年），字鹤卿，又字仲申、民友、子民，乳名阿培，并曾化名蔡振、周子余，浙江绍兴山阴县（今绍兴县）人，革命家、教育家、政治家。中华民国首任教育总长，1917年至1927年任北京大学校长，革新北大，开"学术"与"自由"之风。1918年10月23日，蔡元培等人发起组织成立和平期成会。1920年至1930年，同时兼任中法大学校长。1928年至1940年专任中央研究院院长，贯彻对学术研究的主张。逝世于1940年3月5日，终年72岁。蔡元培任北京大学校长时提出的"兼容并包"的学术思想，不仅成为他主持北大教育工作的重要指导思想，同时也是他所坚持的办学原则。此思想提出后，一批具有新文化、新思想的代表人物进入北大，北大因此而成为中国思想活跃、学术兴盛的最高学府。他为发展中国新文化教育事业，建立中国资产阶级民主制度做出了重大贡献，堪称"学界泰斗、人世楷模"。他提出了"五育"（军国民教育、实利主义教育、公民道德教育、世界观教育、美感教育）并举的教育方针和"尚自然""展个性"的儿童教育主张。

图书在版编目（ＣＩＰ）数据

生肖龙 / 王鑫编著；张勃本辑主编. -- 哈尔滨：
黑龙江少年儿童出版社，2020.2（2021.8重印）
（记住乡愁：留给孩子们的中国民俗文化 / 刘魁立
主编. 第十一辑，生肖祥瑞辑）
ISBN 978-7-5319-6460-5

Ⅰ. ①生… Ⅱ. ①王… ②张… Ⅲ. ①十二生肖—青
少年读物 Ⅳ. ①K892.21-49

中国版本图书馆CIP数据核字(2020)第005497号

记住乡愁——留给孩子们的中国民俗文化　　　　刘魁立◎主编

第十一辑 生肖祥瑞辑　　　　　　　　　　　　张　勃◎本辑主编

生肖龙 SHENGXIAO LONG　　　　　　　　王　鑫◎编著

出 版 人：商　亮
项目策划：张立新　刘伟波
项目统筹：华　汉
责任编辑：杨丽娟
整体设计：文思天纵
责任印制：李　妍　王　刚
出版发行：黑龙江少年儿童出版社
　　　　　（黑龙江省哈尔滨市南岗区宜庆小区8号楼 150090）
网　　址：www.lsbook.com.cn
经　　销：全国新华书店
印　　装：北京一鑫印务有限责任公司
开　　本：787 mm×1092 mm　1/16
印　　张：5
字　　数：50千
书　　号：ISBN 978-7-5319-6460-5
版　　次：2020年2月第1版
印　　次：2021年8月第2次印刷
定　　价：35.00元